PÉTITION

DU

COMTE DE CHAMBORD

PROPOSANT A L'ASSEMBLÉE NATIONALE

D'ÉLIRE

LE PAPE ROI DE FRANCE

PUBLIÉE D'APRÈS LA RECOMMANDATION DU COMTE

PAR

Jᴏʜɴ BICKERSTAFF Esq. & Cⁱᵉ

AGENTS INTERNATIONAUX DES SOUVERAINS EN DISPONIBILITÉ

———

DÉDIÉ A M. DE VILLEMESSANT

———

NICE

EUGÈNE FLEURDELYS, LIBRAIRE-ÉDITEUR

5, AVENUE DE LA GARE, 5

———

1871

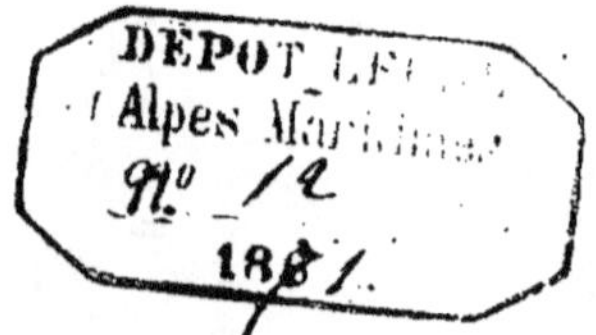

Nice. — Typographie V.-Eugène Gauthier et Cᵉ,

Descente de la Caserne, 1.

I

LETTRE DU COMTE DE CHAMBORD

A

M. John BICKERSTAFF

Monsieur,

J'apprends à l'instant que vous venez de fonder une agence internationale en faveur des souverains qui se trouvent actuellement en disponibilité. Comme je suis le plus ancien de ceux qui, en France, ont eu le malheur de ne point monter sur le trône de leurs pères, je nourris un légitime espoir que vous voudrez bien ne point me refuser votre obligeante publicité. Vous mériterez ainsi d'être mis au nombre des rares personnes qui sont encore fidèles aux principes monarchiques traditionnels, en dehors desquels il ne peut y avoir qu'anarchie, désordre et confusion sociale, rien n'étant à sa place, — moi principalement.

Je n'appuierai pas davantage sur cette considération, quoiqu'elle doive cependant avoir son importance aux yeux d'un homme aussi honnête et aussi distingué que je dois vous supposer. Je sais que les directeurs de grandes entreprises commerciales, comme est la vôtre, ne sont guère sensibles, en général, qu'au langage des chiffres et de la raison. Je n'ignore point que les personnes de votre condition, en toutes choses, ne considèrent que la fin, c'est-à-dire les bénéfices à espérer. Je me garde de vous en blâmer. Je connais beaucoup de gens qui ont absolument les mêmes principes que vous. Ma situation personnelle me fait, d'ailleurs, une loi de respecter tout ce qui présente le moindre caractère de légitimité, et ces bénéfices, qui vous sont dûs, offrent ce caractère à un trop haut degré, pour que j'y puisse trouver quelque chose à redire.

Bien qu'il soit toujours peu agréable pour le chef d'une dynastie de descendre dans le détail des questions d'argent, je veux cependant vous satisfaire sur ce point délicat. Je prends ici l'engagement d'honneur de solder, sur mes propres fonds, tous frais d'impression, composition, mise en page, tirage, pliage, brochage, et d'une manière générale, tous frais accompagnant la publication d'une brochure tant prévus qu'impossibles à prévoir.

Après une déclaration aussi nette et aussi précise, il ne me reste guère, pour satisfaire vos susceptibilités les plus légitimes, qu'à vous donner des preuves convaincantes de ma solvabilité et de ma ferme résolution de tenir scrupuleusement la parole que je vous donne ci-dessus.

Vous pourriez tout d'abord, jusqu'à un certain point,

monsieur, douter de ma solvabilité. Comme je n'ai, en effet, jamais exercé aucune profession, de quelque nature qu'elle soit, vous pourriez vous demander, avec raison, si j'ai pu acquérir, durant mon existence, quelque fortune personnelle. Je ne conteste point que je n'en ai aucune de cette nature ; mais j'ai la fortune de mes pères ; et si ma fortune personnelle est nulle, vous pouvez, monsieur, sans crainte de vous tromper aucunement, être fermement persuadé que la seconde ne l'est pas.

C'est une circonstance que j'ai eu grand soin de faire remarquer dans ma dernière proclamation, lorsque j'ai dit très-judicieusement et avec un accent de vérité qui a frappé tout le monde : « Je ne suis point un parti et je ne « veux pas revenir régner par un parti. Je n'ai ni injure « à venger, ni ennemi à écarter, ni *fortune à refaire*, sauf « celle de la France. »

J'avançais là des affirmations tellement évidentes que je n'ai point pris la peine de les démontrer, — ainsi que chacun en a fait la remarque. Quant à *la fortune que je n'ai pas à refaire*, c'était certainement, en particulier, la plus évidente de toutes ces propositions. Cela est tellement vrai qu'il n'est encore venu à l'esprit d'aucun journaliste de me le contester, et cependant Dieu sait si les journaux républicains m'ont ménagé, et s'ils n'ont pas mis en suspicion ma proclamation entière, à peu de chose près, et, principalement, ce que mes amis politiques m'ont toujours fortement engagé à dire *du parti par lequel je ne veux pas régner*. L'unanimité de la presse à me croire sur ce point vous rassurera complétement, je pense, monsieur, sur ma solvabilité. Aussi ne jugé-je point utile, pour vous convaincre davantage, de vous faire remarquer qu'on n'a pas coutume d'avoir, — sans quelque fortune, — châteaux, calè-

ches, laquais, chambellans, chevaux, palefreniers... etc.,
toutes choses que je possède en quantité, que je qualifierais
de respectable, si je ne craignais de me flatter, ce qu'on doit
toujours éviter de faire, si ce n'est dans les proclamations
adressées au peuple. Dans ce dernier cas, on ne saurait
présenter de toute sa personne un portrait trop flatteur.
C'est une règle à laquelle je me suis conformé jusqu'ici
très-scrupuleusement. Vous pourrez le vérifier aisément,
en jetant un coup d'œil sur mes divers écrits, qui sont,
d'ailleurs, aussi peu nombreux que possible. Vous vous
convaincrez ainsi qu'un homme, qui respecte avec autant
de soin les usages de son pays, est incapable de vouloir
tromper les gens. Vous acquerrez par conséquent aussi la
certitude que j'ai la volonté bien arrêtée de remplir à votre
égard l'engagement solennel que j'ai pris ci-dessus.

Il est certainement triste que tant de rois, mes collègues,
aient si souvent manqué à leur parole, avant de monter sur
le trône, et même quand ils y étaient parvenus, pour peu
qu'ils y eussent quelque intérêt.

Je me rends parfaitement compte que ces souvenirs,
— trop nombreux, hélas ! et trop vivaces — affaibliront
singulièrement l'autorité de mes déclarations. C'est une
raison pour laquelle je ne pardonnerai jamais — à tel bon
mien cousin que de droit, — d'avoir aussi indignement
violé telle parole par lui donnée solennellement, en fai-
sant exactement le contraire de ce qu'il avait dit. Qui
aurait pu l'en croire capable ? Il ne parlait absolument
que de rétablir la religion dans son ancienne pureté et
dans sa foi primitive. Il récitait les litanies avec autant de
componction que moi. Je crois même — Dieu me par-
donne ! — qu'il l'emportait sur tous les descendants de saint
Louis, ce qui n'est pas peu dire, attendu que, depuis ma

plus tendre enfance, j'ai eu l'honneur d'être constamment élevé par les révérends pères jésuites. J'ose espérer que cette dernière circonstance suffira pour effacer entièrement toutes les préventions que vous pourriez conserver à mon encontre. On n'a, en effet, jamais entendu dire que les jésuites aient élevé le mensonge et la fourberie à la hauteur d'un principe social. On l'a reproché, il est vrai, aux anciens pères et principalement à Escobar, le plus distingué d'entre eux; mais je puis vous donner l'assurance que les nouveaux pères ne suivent en aucune façon les anciennes doctrines de leur congrégation.

D'ailleurs, Monsieur, si malgré, toutes mes déclarations, vous persistiez dans vos doutes à l'égard de ma bonne foi, je m'empresserais de vous adresser par la poste le montant intégral de tous les frais que vous déclareriez être nécessaires. Je crois que vous seriez dans ce cas aussi satisfait qu'il est possible de l'être ici-bas. Sur ce, Monsieur, je prie Dieu qu'il vous ait en sa sainte garde.

II

PÉTITION DU COMTE DE CHAMBORD

A

L'ASSEMBLÉE NATIONALE

Monsieur le Président,

Messieurs les Députés,

Au milieu des infortunes qui accablent notre malheureuse Patrie, au milieu des circonstances douloureuses où
nous nous trouvons et qui réclament — de personnes aussi
sensées que vous — des actes et non des paroles, j'ai lu dans
le *Journal officiel*, avec une indicible satisfaction, la motion
faite par *M. de Cazenove de Pradines* d'adresser à Dieu,
dans toute la France, des prières solennelles pour l'inviter à

se charger lui-même de mettre fin à nos malheurs, puisqu'il vous est impossible d'en venir à bout à vous tout seuls.

Je félicite très-sincèrement *M. de Cazenove* de l'heureuse inspiration qu'il a eue et de l'acte énergique qu'il a demandé de mettre à exécution, sans aucun délai. Il peut fermement espérer qu'une immortalité toute spéciale est, désormais, réservée à son nom. J'ai vu également avec une indicible joie l'énergique appui donné par le général *Du Temple* à la motion de M. de Cazenove. Ce général s'est montré ainsi ingénieusement fidèle au nom qu'il porte. Nom et noblesse oblige.

Je suis d'autant plus reconnaissant à ces Messieurs d'être entrés dans cette voie nouvelle, que je n'ai, moi-même, absolument point d'autre moyen que les armes de la prière pour conjurer les dangers et les périls qui menacent la société. Je ne puis me dissimuler, il est vrai, que Dieu, jusqu'à présent, n'a guère entendu les lamentations que je lui adressai régulièrement chaque jour pendant la guerre, puisque nos malheurs se sont encore aggravés après la conclusion de la paix. Mais il n'importe. J'ai une foi tenace et rien ne l'ébranlera jamais ; c'est l'une de mes principales qualités. Vous pouvez dont être sûrs que je joindrai mes prières aux vôtres, si vous jugez à propos d'adopter la motion de votre collègue ; je m'engage même solennellement, Messieurs, à faire exécuter supplémentairement à Frohsdorf une procession extraordinaire, longue, très-longue, la plus longue possible, où tout le monde de ma maison assistera. Je regretterai que la dignité qui convient aux personnes de mon rang m'empêche d'y assister moi-même ; mais je m'engage sur l'honneur, — et sans aucune arrière-pensée de violer la présente promesse, — à m'y faire représenter par mon premier chambellan. Il n'est pas douteux que, dans ces conditions, je ne concoure efficacement à faire le bonheur de la France, seule consolation qui puisse rester à mes vieux jours.

MESSIEURS,

Après avoir adressé à MM. de Pradines et Du Temple le juste tribut de sincères félicitations qui leur est légitimement dû, il me reste à vous communiquer une proposition, émanant de ma propre personne, méditée par moi dans les veilles de la nuit et le silence du cabinet, et destinée, j'en ai le ferme espoir, à sauver enfin notre malheureuse Patrie.

Obéissant, Messieurs, à la voix de ma conscience, ainsi qu'à la voix de la raison, j'ai l'honneur de vous proposer de choisir pour Roi de France le Pape lui-même.

Les avantages d'une semblable décision, si vous jugez bon de la prendre, sont trop évidents pour qu'ils ne frappent point avec la plus grande clarté les yeux d'hommes aussi éminents, aussi distingués et surtout aussi catholiques, apostoliques et romains que vous l'êtes. Je me contenterai donc d'énumérer ces avantages avec le plus de brièveté possible.

Et d'abord, Messieurs, vous n'ignorez point que de tout temps, sous le règne de mes pères, la France a justement mérité d'être appelée la fille aînée de l'Eglise. Cette appellation acquerra, par la mesure que je propose, un nouveau degré de légitimité, — et les esprits sérieux ne peuvent trop désirer d'introduire en toutes choses toute la légitimité dont elles sont susceptibles.

Ensuite, Messieurs, vous n'aurez plus à craindre d'hérésie parmi vous. Mon âme toute entière est saisie de douleur à la seule pensée qu'après avoir épuisé jusqu'à la lie la coupe des erreurs, la France, peut-être, marchant plus tard sur les traces actuelles de la Bavière, puisse arriver quelque jour à mettre en doute l'infaillibilité même du Pape Vous n'aurez pas à redouter un tel malheur en établissant le Pape sur le trône de mes pères. Si, en effet, l'hérésie faisait jamais quelques progrès dangereux dans les rangs de vos fidèles, les jésuites feraient saintement saisir les enfants des coupables pour les enfermer dans les couvents, les exorciser, baptiser....., etc., comme on fit à Rome à l'enfant de Mortara : ce qui empêcherait, aussi radicalement que possible, l'orgueilleuse raison de propager davantage l'esprit de révolte et de rébellion.

Si vous voulez prévenir un aussi funeste malheur, je crois, Messieurs, que le moment est venu d'agir, car il m'a été rapporté de toutes parts que, depuis l'époque fatale de 1830, l'esprit philosophique et le scepticisme ont fait partout de singuliers progrès. Cette mesure est d'autant plus urgente que les événements de ces derniers temps ont jeté le trouble dans plus d'un cœur droit et obscurci plus d'une croyance honnête. En examinant les malheurs de la France, on peut très-certainement les attribuer à l'abandon des vrais principes, c'est-à-dire des principes religieux : c'est ce que j'ai fait jusqu'ici dans toutes mes proclamations et principalement dans la dernière. Néanmoins, Messieurs, en voyant les malheurs qui ont fondu sur la papauté, on ne sait plus trop à quoi s'en tenir au juste. Il n'est pas permis, en effet, à d'aussi bons chrétiens que nous, de supposer que Dieu ait voulu châtier aussi la papauté ; et cependant cette même papauté a été beaucoup plus éprouvée que la France, puisqu'elle a perdu absolument toutes ses possessions temporelles, tandis que notre patrie n'a dû céder, en fin de compte, qu'une très-petite partie de son territoire.

Je n'ignore point que quelques-uns de nos amis politiques, et principalement le digne et honoré Louis Veuillot, ont donné de ces épreuves de la papauté une explication très-simple. Ils les ont attribuées, — ainsi, du reste, que toutes les autres calamités du globe, — à l'état d'indifférence religieuse dans lequel se trouve plongée la Francce, et principalement à la coupable inobservation du dimanche. Cette explication serait très-heureuse, si elle était aussi logique que spirituelle ; mais il est impossible à un esprit juste de ne point reconnaître combien elle est défectueuse et peu capable de satisfaire la raison. Si vous ajoutez à cela que Dieu a singulièrement favorisé le protestantisme dans ces dernières années, au détriment du catholicisme, vous ne pourrez certainement point vous empêcher de frémir à la pensée des conclusions téméraires que des intelligences peu éclairées en pourraient déduire.

Si, au contraire, vous adoptez ma proposition, toutes les contradictions disparaissent comme par enchantement. Le Pape retrouve subitement un pouvoir temporel comme il n'en a jamais eu. Les épreuves qu'il a dû subir deviennent autant de bienfaits de la Providence, puisque, sans les événements qui les ont produites, il ne serait jamais monté sur un trône aussi considérable que le trône de France.

Tout sera donc pour le mieux, outre que cette combinaison ne pourra que plaire singulièrement au Pape et à Dieu, mais principalement au Pape.

Vous aurez, en outre, l'immense avantage de ne plus payer, désormais, aucune liste civile, ce qui n'est pas à dédaigner. Le denier de Saint-Pierre suffit à entretenir très-convenablement le Pape. De plus, comme il se recrute chez les Allemands aussi bien que chez les autres nations, vous serez certains de rentrer peu à peu, par l'intermédiaire du Pape, dans les cinq milliards que vous devez payer aux différents peuples de cette nation. Il est évident que si, au contraire, vous nommiez quelque roi, il lui serait absolument impossible de se passer d'un traitement annuel d'une vingtaine de millions, ce qui, en définitive, quoique insignifiant pour la France, constitue à la longue une somme qui a bien son importance dans les circonstances actuelles. En dix ans, par exemple, cela fait deux cents millions.

Vous serez de plus assuré d'être vainqueurs dans toutes vos guerres. Il est évident, en effet, que toutes les fois qu'une guerre éclatera, les torts seront nécessairement du côté de l'ennemi, étant inadmissible que le Pape lui-même puisse avoir jamais tort. En outre, la guerre n'aurait pour but que de lui enlever par droit de conquête une ou deux provinces, c'est-à-dire une partie de son pouvoir temporel. Or, il a été reconnu de tout temps que cette action abominable constituait au plus haut chef une prévarication punié de foudres pontificales, ainsi que des précédents l'établissent. Le Pape aurait donc le droit de sommer les catholiques des pays ennemis de déposer immédiatement les armes, sous peine d'excommunication. Il faudrait que les catholiques combattant contre nous eussent un cœur bien endurci pour ne point se rendre sur-le-champ à une sommation aussi judicieuse qu'infaillible.

On m'objectera sans aucun doute qu'en vous adressant cette pétition, Messieurs les Députés, je renonce aux intentions traditionnelles, que j'ai toujours manifestées, de remonter, aussitôt que je le pourrais, sur le trône de mes pères. On me fera remarquer certainement que j'ai toujours eu un soin extrême, dans mes proclamations et dans mes lettres particulières destinées à la publicité, de déclarer, avec la plus grande franchise, que je renoncerais très-volontiers au trône de mes pères, si mon droit d'y remonter un jour n'était qu'un *droit* pur et simple et non pas un *devoir*, — et un devoir d'autant plus absolu que j'ai toujours hautement professé l'opinion de ceux qui pensent que moi seul, en raison de mes droits héréditaires, puis faire le bonheur de la France, — ma vie durant bien entendu. Je ne puis me dissimuler qu'il y a, en effet, une contradiction réelle entre mes déclarations antérieures et ma présente proposition. Mais, en agissant ainsi, je ne crains point le jugement de mes contemporains, ni celui de l'histoire, puisque je sacrifie entièrement, dans cette occurence, mon intérêt personnel à l'intérêt public, ce qu'il est excessivement rare de rencontrer dans aucun prince. Il ne viendra, d'ailleurs, à l'esprit d'aucun homme raisonnable de contester mon droit absolu de céder, à qui je l'entends, tous mes droits héréditaires au trône de mes pères. Il ne peut donc y avoir là aucune espèce de difficulté.

Vous aurez ainsi l'avantage inestimable d'avoir simultanément une demi-royauté et une demi-république, puisque la papauté est élective et non héréditaire. Cette forme mixte me semble appelée à réunir, enfin, tous les partis dans un heureux accord, en les satisfaisant tous dans une certaine mesure.

C'est l'examen des conditions d'existence de la papauté qui m'a amené à me convaincre que le principe héréditaire, qui m'avait toujours jusqu'ici semblé la pierre angulaire de toute société, n'est pas, en réalité, la meilleure chose qui existe, puisque nous voyons les dynasties des différents pays tomber tour à tour au milieu des ruines qu'elles amoncèlent autour d'elles, tandis que la papauté, — qui n'est pas héréditaire, — s'est maintenue jusqu'ici beaucoup plus longtemps qu'aucune dynastie connue et n'a jamais causé autant de ruines, — pendant toute sa durée, — que nous en voyons en France depuis une trentaine d'années seulement.

Telles sont, Monsieur le Président et Messieurs les Députés, les considérations qui m'ont porté à vous faire une semblable proposition. Elle pourra tout d'abord paraître à certaines personnes superficielles un pur jeu de mon esprit, mais la grandeur de son objet et les nombreux avantages qu'on peut en espérer n'échapperont certainement pas à la haute pénétration de vos esprits. Ces avantages sont considérables ; de plus, ils sont évidents : on n'en pourrait pas dire autant des principes héréditaires, parce qu'en définitive, si je puis promettre d'être un roi modèle, et de ne jamais déclarer une guerre aussi stupide que celle de 1870, il m'est absolument impossible d'affirmer que mon successeur ne sera pas le plus grand crétin du monde et ne plongera pas la France dans une série de catastrophes analogues à celles dont vous êtes aujourd'hui les témoins ; tandis que le Pape, étant électif et non héréditaire, il y a lieu de supposer qu'on choisira toujours pour gouverner un homme de quelque intelligence.

Malgré les remontrances amicales de quelques personnages considérables attachés à la monarchie traditionnelle et principalement aux grandes situations qu'y possédaient leurs ancêtres, je pense avoir rempli un devoir en vous adressant cette pétition. Je m'estimerais un malhonnête homme si, ayant trouvé un meilleur moyen de faire le bonheur de mon pays, je ne vous proposais point de l'adopter. On aurait le droit de croire, en effet, que toutes mes déclarations périodiques sur mon brûlant désir de faire le bonheur de la France ne sont que des mots en l'air destinés à attraper les gobe-mouches, et que mon principal et unique désir est, au fond, de faire mon propre bonheur. On aurait d'autant plus le droit de le croire que, connaissant mon exactitude à accomplir tous les préceptes de la religion catholique, on serait autorisé à penser que j'entends aussi me conformer au suivant, — qui est l'un des plus anciens et des plus fidèlement pratiqués, — « *Charité bien ordonnée commence par soi-même.* » Or, je ne consentirai jamais, à aucun prix, qu'on soit autorisé par les apparences à tenir sur mon compte un semblable langage.

Sur ce, Messieurs, je prie Dieu qu'il vous ait en sa sainte garde.

Signé : HENRI.

Pour copie scrupuleusement conforme et collationnée avec le plus grand soin sur l'original.

JOHN BICKERSTAFF.